Ludwig Noiré

Die Entwicklung der Kunst in der Stufenfolge der einzelnen Künste

Ludwig Noiré

Die Entwicklung der Kunst in der Stufenfolge der einzelnen Künste

ISBN/EAN: 9783743637825

Hergestellt in Europa, USA, Kanada, Australien, Japan

Cover: Foto ©Thomas Meinert / pixelio.de

Weitere Bücher finden Sie auf **www.hansebooks.com**

DIE

ENTWICKLUNG DER KUNST

IN DER

STUFENFOLGE DER EINZELNEN KÜNSTE

VON

LUDWIG NOIRÉ.

So führt ihn, in verborgnem Lauf,
Durch immer rein're Formen, rein're Töne,
Durch immer höh're Höh'n und immer schön're Schöne
Der Dichtung Blumenleiter still hinauf. —
Schiller.

Und so gewinnt sich das Lebendige
Durch Folg' aus Folge neue Kraft.
Göthe.

LEIPZIG

VERLAG VON VEIT & COMP.

1874.

Wenn wir im Stande wären, aus der kurzen Spanne Zeit, welche unserem historischen Wissen zugänglich ist, den Nachweis zu liefern, dass innerhalb derselben eine Fähigkeit des Menschen, welche wir zu seinen Grund- und Uranlagen rechnen, sich modificirt oder zu höherer Vollkommenheit entwickelt habe, so müsste diese Erkenntniss für uns von unschätzbarem Werthe sein, da sie uns einen Maassſtab böte, mit dessen Hilfe wir viel weiter rückwärts liegende Thatsachen bemessen und zugleich eine Leuchte, mit welcher wir in das tiefe Dunkel der Urzeit einige Lichtstrahlen senden könnten.

Nächst den primitiven Artefacten, die aus Höhlen und Gräbern nach vieltausendjähriger Ruhe wieder an das Tageslicht treten, gibt es keinen Zeugen urältester Vergangenheit, als die Sprache. Wie jene durch ihre starre Unveränderlichkeit, so ist diese durch ihre ungemeine Schmiegsamkeit und fortwährende Umwandlung

1

nach Laut und Begriff interessant. Jene können als bestimmte, unwiderlegliche Thatsachen gelten, die uns ein positives Wissen erschliessen; bei dieser dagegen gilt es, mit der äussersten Behutsamkeit, unter fortdauernder Controle der zahlreichen Analogieen, gleichsam mit dem Tastsinne Schritt vor Schritt voranzudringen. Dafür werden aber auch die Resultate der letzteren Forschung viel mehr zu unserem lebendigen Eigenthum, während jene Thatsachen nur als ein fernes Licht — ein solches täuscht ja so oft über die wahre Entfernung — uns die Direktion für unser Vorantasten angeben.

An der Hand der Sprachwissenschaft hat der vortreffliche L. Geiger[1]) den Nachweis geliefert, dass die bewusste Apperception der uns geläufigen Farben sich erst in historischer Zeit entwickelt hat. Der Farbensinn ging höchst wahrscheinlich aus von der Unterscheidung der beiden Extreme dunkel und licht, Nacht und Tag, Wolke und Sonnenschein, schwarz und hell. Am frühesten scheint die aufmerksame religiöse Bewunderung der Sonnenerscheinungen — der uralte Rig-Veda ist erfüllt mit Schilderungen der Pracht der Morgenröthe — die Sphäre des Lichten in roth, gelb und weiss gesondert zu haben. Weiss ist in den Veda-

---

[1]) Zur Entwicklungsgeschichte der Menschheit S. 45 60.

liedern von Roth kaum geschieden und auch das Gelb
hat Bezeichnungen, welche mit den Wurzeln von Gold
zusammenfliessen, so dass es also nur gelbroth oder
rothbraun bezeichnen konnte. Dagegen ist selbst aus
griechischen Schriften nachweislich, dass das Wort
χλωρός in der homerischen Zeit noch identisch mit gelb
war[1]). Dass es auch noch in der späteren Zeit eine
Mischung von gelb-grün bezeichnete, geht aus einer
Stelle von Aristoteles hervor, in welcher dieser es in
Gegensatz zu dem gras- oder lauchfarbigen bringt.
Jüngsten Datums scheint die Farbenempfindung für das
Blau zu sein. Κύανος ist bei Homer das tiefste Schwarz,
Pindar redet von Veilchenlocken, Theokrit und nach ihm
Virgil sagen: „es seien ja doch auch die Veilchen schwarz
und die Hyacinthen“. Während die grünenden Auen und
Thalgründe z. B. in dem schönen Chorgesang des Oedipus
auf Kolonos und öfter bei Horaz, dem leidenschaftlichen
Verehrer ländlicher Zurückgezogenheit, gerühmt werden,
wird man in den Schriften der Alten vergeblich die Be-
zeichnung des schönen Himmelblau suchen, das in unseren landschaftlichen Schilderungen niemals fehlen darf:
das Wort *caeruleus* ist, wie Geiger mit Recht bemerkt,
von einer Unfassbarkeit, die einen Philologen zur Ver-

---

[1]) Ebenso bezeichnet im Hebräischen bis ins Talmudische herab
Jarak unterschiedlos Gelb und Grün. Das heutige Hebräisch unterscheidet durch Zusammensetzung: Kressen-Jarak und Dotter-Jarak.

zweiflung treiben kann und die romanischen Sprachen haben das Wort aus dem germanischen blau entlehnen müssen (franz. *bleu* ital. *biavo*). Blau aber bedeutete ursprünglich, wie heute noch das englische *black*, schwarz. Die Dürftigkeit des Farbenbewusstseins ergibt sich auch aus der Beschreibung des Regenbogens: Xenophanes (VI. Jahrh. v. Chr.) nennt ihn eine Wolke purpurn, röthlich und gelblich zu schauen; Aristoteles (IV. Jh.) nennt ihn dreifarbig: roth, gelb und grün; die Edda nennt ihn ebenfalls eine dreifarbige Brücke. Wir sind heute an der Siebenzahl angelangt; wen sollte es Wunder nehmen, dass nach tausend Jahren vielleicht die Menschen von dem zwölffarbigen Regenbogen reden und auf unser stumpfes Wahrnehmungsvermögen ähnlich herabsehen werden, wie wir heute auf das des Alterthums?

Dass Naturvölker und ungebildete Menschen grelle Farben-Contraste lieben, beweist die geringere Reizbarkeit ihres Farbensinnes: ein gebildeter Geschmack liebt die sanften Abtönungen, für welche er bereits eine ausgesprochene Empfindsamkeit hat, auch bevor die Fixirung der einzelnen Nuancen durch das Wort dieselben zum klaren Bewusstsein und zur Gemeinverständlichkeit erhoben hat.

Ebenso ist mit Hilfe der Sprache historisch nachweisbar, dass der Sinn für den Wohllaut, die harmonische Uebereinstimmung der Töne, sowie für Wohlgerüche nicht ursprünglich dem Menschen eigen war, sondern erst mit der Zeit sich entwickelt hat.

Am frühesten waren wohl der Sinn für den Wohlgeschmack und der Tastsinn zur Unterscheidung der feineren Eigenthümlichkeiten innerhalb der den Menschen zunächst interessirenden Sphäre von äusseren Gegenständen befähigt; der Grad von Lust oder Unlust aber, welcher durch diese Sinne erweckt wird, stand noch durchaus in dem Dienste der Selbsterhaltung. Der Geschmack und der Tastsinn prüften die Speisen und gaben die erste Entscheidung über ihre Zuträglichkeit; sie ersetzten also wohl ursprünglich die bei den meisten anderen Thieren sehr ausgebildete Witterung. Der Sinn des Geschmacks hat nun wohl eine Kunst erzeugt, welche, bei den meisten Völkern mehr oder weniger ausgebildet, niemals eine eigentlich schöne Kunst werden konnte, weil sie nicht interesselos gedacht werden kann, sondern das Geistige derselben stets im Dienste der Sinnlichkeit auftritt, während das Wesen der schönen Künste das Prävaliren des Geistigen ist, welches nur in der Sinnlichkeit seinen Ausdruck, seinen Körper findet. Dass aber das feinste Unterscheidungsvermögen für das Gute und Schlechte, Schöne und Abstossende, Lust und Unlust Erweckende — diese drei Sphären waren ursprünglich einerlei — diesem Sinne beigelegt wurde, geht schon daraus hervor, dass wir auch heute noch kein besseres Wort für das gebildete Urtheil in Sachen der schönen Künste haben, als das Wort Geschmack.

Ist nun der Geschmack an die Pforte der zur Erhaltung des Menschen hochwichtigen Organe als ein Wächter und Prüfer gestellt, der in den meisten Fällen nur das Gesunde und Zuträgliche passiren lässt, das Schädliche und Gefährliche unmittelbar zurückweis't, so hat der Tastsinn schon eine viel weitere Controle auszuüben. Von grossen Entfernungen her macht sich die Existenz der äusseren Dinge für unseren Gesichtssinn geltend; dieser ist deshalb der specifisch-menschliche Sinn, der durch die anderen Sinne erzogen und ausgebildet, die weitesten Sphären umspannt, Vieles auf Einmal umfasst, innerhalb des Vielen das Einzelne herauszufinden vermag[1]) und allen anderen Sinnen unmittelbar Auskunft über die Beschaffenheit der wahrgenommenen Gegenstände ertheilt. Dieser Sinn hat sich bei dem Menschen zu einer erstaunlichen Vollkommenheit entwickelt, wobei der aufrechte Gang, der das Umherblicken (nicht aber, wie die oft citirte Stelle des Ovid sagt, *cœlum tueri et erectos ad sidera tollere vultus*) er-

---

[1]) Die feine Witterung des Hundes der unter hunderttausend verschiedenen Gerüchen die Fährte des Wildes oder seines Herrn auf grosse Entfernungen erkennt, möge hier als Analogie eines hochausgebildeten, thierischen Sinns angeführt werden. Die Witterung ist die Dominante des Hundes.

möglicht, von entscheidendem Einflusse war. In inniger
Wechselbeziehung damit steht das Klettern auf die
Bäume, welches erstlich den Umblick vermehrt und zwei-
tens als instinctives Flüchten vor Gefahren noch heute
bei den Naturvölkern zu grosser Vollkommenheit sich
entwickelt. Dass der Gesichtssinn bei dem Menschen
diese allbeherrschende Rolle spielt, geht auch schon
daraus hervor, dass er bei der Bildung der Sprache
fast ausschliesslich maassgebend und schöpferisch auf-
getreten ist. Dieser Sinn aber, der uns nichts weiter
als den äusseren Schein der Dinge vermittelt, bedurfte
zu seiner Erziehung und Ausbildung zunächst der steten
Mithilfe und Ergänzung des Tastsinns und so sehen
wir denn auch heute noch jede Entwicklung des Einzel-
menschen von einem fortgesetzten Greifen, Betasten
aller möglichen Dinge ausgehen, bis endlich das geübte
Auge im Stande ist, den Tastsinn zu entbehren und
für sich allein die Dinge zu begreifen. So war es
denn gewiss auch in der Urzeit: Das Auge lockte ein
unbestimmter Schein, der Mensch begab sich in die
Nähe, der Tastsinn forschte an dem Gegenstand und
nachdem er ihn allseitig geprüft, prägten sich die er-
kundeten Formen als vertraute Gestalt dem inneren
Sehen ein.

Es ist darum auch natürlich, dass der Formsinn
der erste war, der bei dem Menschen zur Ausbildung

gelangte und dass die feineren Eigenthümlichkeiten der Dinge - Farbe, Geruch etc. — erst einer späteren, mehr abstrahirenden Wahrnehmung vorbehalten blieben.

Damit stimmt nun ein grosses, historisches Factum in merkwürdiger Weise überein, nämlich, dass alle Kunst von der Plastik ausgegangen ist und dass die älteste grosse Kunstepoche, die der Griechen, gerade diesen Kunstzweig zu höchster, seitdem nicht wieder erreichter Vollkommenheit ausgebildet hat. Es war Herder, der bald nachdem Lessing in Laocoon die geniale Scheidung zweier bisher verwechselten Gebiete — der Dichtkunst einerseits und Malerei und Plastik andererseits vollzogen und dadurch der Begründer der wahren Aesthetik geworden, nun diese Scheidung auch zwischen den beiden: Malerei und Sculptur ausführte, indem er nachwies, dass erstere mit Flächen und Farben allein wirke, diese Körperliches darstelle, erstere also die Kunst des Gesichtssinnes, diese die des Tastsinnes sei. Man lese es selbst, sein geniales Werk Plastik (in den Antiquarischen Aufsätzen), das er den unvollkommenen Anfang zu ähnlichen Versuchen der Anaglyphik, Optik, Akustik nennt. Ich citire daraus folgende Stelle: „Seht jenen Liebhaber, der um die Bildsäule wankt. Was thut er nicht, um sein Gesicht zum Gefühle zu machen, zu schauen, als ob er im Dunkeln taste? Er gleitet umher, sucht Ruhe und findet keine, hat keinen

Gesichtspunkt, wie beim Gemälde, weil tausende ihm nicht genug sind, weil, sobald es eingewurzelter Gesichtspunkt ist, das Lebendige Tafel wird und die schöne, runde Gestalt sich in ein erbärmliches Vieleck zerstücket. Darum gleitet er: sein Auge ward Hand, der Lichtstrahl Finger oder vielmehr seine Seele. Das Wesen dieser Kunst ist schöne Formen darzustellen, die nicht Farbe, nicht Spiel der Proportion, der Symmetrie, des Lichtes und Schattens, sondern dargestellte tastbare Wahrheit sind."

(Hier noch einiges über den Tastsinn. Er ist es, der uns die Dinge in vertrauteste Nähe führt, die innigste Vereinigung zulässt. Er ist darum auch, glaube ich, der wenigst schreckhafte von allen Sinnen, er wird erst erschüttert durch wirkliches Schmerzgefühl. Es gibt freilich davon Ausnahmen, die aber wohl mehr auf der Phantasie beruhen mögen: Das unerwartete Berühren einer kalten Hand erinnert an die Leiche u. s. w.).

Was ist nun die Eigenthümlichkeit der Plastik als schöner Kunst?

1) Sie stellt die Dinge in möglichster Naturwahrheit dar. Sie ist die treueste Nachahmerin, sie bildet das Ding nach allen Seiten heraus in seinen wesentlichsten Eigenschaften: denn die wesentlichste Eigenschaft eines jeden Dings ist doch die Körperlichkeit. Sie geht soweit in der treuen Nachahmung, dass sie den Men-

schenkörper zuerst nur wie einen todten oder schlafenden
mit festgeschlossenen Armen und Beinen darstellt, weil
sie nur die Unbeweglichkeit wiedergeben kann. So über-
kam die griechische Kunst ihre Vorbilder aus dem
Orient. Die schöne Sage vom Dädalus, der so täuschende
und kunstreiche Bildsäulen geschaffen, dass sie sich bewegten wie Lebende, deutet wohl das Herausbilden der
Gliedmassen zu lebensvoller Bewegung an.

2) Das Stilgefühl der Künstler auf dem Höhepunkt
der griechischen Plastik leitete dieselben an, nur das
wiederzugeben, was dem Wesen und der Natur dieser
Kunst entsprach. Die körperlichen Formen sind das
Dauernde, daher Typische. Auch die feinen Furchen
und Falten des Gesichts haben ihre Geschichte; oft
rann die Thräne denselben Weg, bis sie diese Rinne
zog, oft glitt das heitere Lächeln über diese Wangen,
bevor der Ausdruck der Freude diesem Antlitz eigen
wurde. Das Typische ist aber das Charakteristische·
Und das ist es, was der griechischen Kunst in so hohem
Grade eignet.

Es ist oft genug gesagt worden, dass der Geist
der Plastik alle Kunst der Griechen beherrscht. Dies
lässt sich nirgends schöner zeigen, als in der Dichtkunst, jener Kunst, welche zu allen Zeiten den Menschen
eigen war, welche als Schwesterkunst den ganzen Entwicklungsgang der Künste begleitet und in welcher sich

denn auch stets das Vorherrschen und die Eigenthümlichkeit der jeweilig vorwaltenden Kunst spiegelt. Die
wunderbare Klarheit und Ruhe, welche von der homerischen Dichtung an bis zur alexandrinischen Nachblüthe
wie ein Zauber über die Werke der hellenischen Dichter
ausgegossen ist, jene eigenthümliche Schönheit, die unsere
beiden grössten Dichter Goethe und Schiller bewunderten
und in ihren vollendetsten Werken ausprägten -- es ist
der Geist der Plastik, von welchem sie ausströmt. Man
lese einmal einen Monolog aus Goethe's Iphigenie
oder eine Stelle aus Schillers Spaziergang und man
wird fühlen, wie auf einzelnen Worten die Seele mit
innigem Behagen ruht, wie das Gefühl des sicheren,
festen Besitzes gleichsam mit tastenden Organen sich
um die Bilder schlingt, wie das Typische hier in körper-
licher Breite und Festigkeit sich ausspricht. So treten
uns in Schiller's Glocke auch „der Rinder breitgestirnte,
glatte Schaaren" so „des Lichts gesellige Flamme" so
„im reinlich geglätteten Schrein die schimmernde Wolle,
der schneeige Lein" entgegen: derartige Züge finden
sich unzählige in „Hermann und Dorothea". — Und
dahin gehört denn auch der schöne Ausspruch John
Stuart Mill's, der das Wesen des Klassischen im
Alterthum folgendermassen definirt: „Fest gegründet,
nach allen Seiten ausgeprägt und fassbar, so tritt uns
der Gedanke in der Sprache der Alten entgegen: wir

Modernen werfen ihn drei, viermal herum, bis wir vermuthen, der Leser habe ihn von genug Seiten angesehen
und gehen dann weiter zu einem anderen, mit dem wir's
gerade so machen."

3) In der Plastik ist alles wesenhaft und Wirklichkeit; sie kann deshalb eines Mittels entrathen, das in
den anderen Künsten zu immer grösserer Bedeutung
gelangt, nämlich der Symbolik.

4) Da ihre Aufgabe, wie gesagt, das Typische und
Charakteristische darzustellen, so specialisirt sie am
wenigsten, sie begnügt sich mit Andeutungen, wie beim
Augapfel, Augenbrauen, Adern u. s. f. Es ist ihr von
allen Künsten am wenigsten um Erweckung des schönen
Scheins, der Sinnentäuschung zu thun: sie ist die kühlste
von allen; es ist ihr darum am meisten erlaubt und
doch ist sie die unschuldigste und am wenigsten ver-
führerische. In ihrem Verfalle erst neigt sie zu dem
Genrehaften, der Virtuosität im Detail und zu malerischen Wirkungen. hin.

Die Plastik, die Kunst des Tastsinns ist die
älteste von allen Künsten; sie war die vorzüglichste
Kunst des Alterthums; sie erreichte ihren Höhepunkt im Alterthum.

Sie war aber auch die natürlichste und dem Menschen nächstliegende, da das auffassende Organ —
die menschliche Hand — gleichzeitig das darstellende

ist, eine Vermittlung durch mehrere Zwischenglieder, wie bei den anderen Künsten, hier nicht vorhanden ist.

Darum finden wir sie auch bei den Naturvölkern in rohesten Anfängen, aber doch als ersten Anfang der Darstellung des Schönen und der Nachahmung der Natur. Sie ist wohl auch heute noch die verbreitetste populäre Kunst: Holzschnitzer, Steinhauer und Thonkünstler sind wohl der Zahl nach unendlich häufiger, als Natursänger oder Naturmaler.

Mit der Plastik hat Vieles noch gemein die Architektur. Als nützliche Kunst war letztere ganz gewiss früher vorhanden; als schöne Kunst ist sie entschieden jünger.

Ehe ich auf diese übergehe, muss ich hier, um Missverständnissen vorzubeugen, einige allgemeine Bemerkungen einschalten. Ich beabsichtige an der Hand der Geschichte nachzuweisen, wie bei der historischen Entwicklung der europäischen Menschheit die Aufeinanderfolge der vier Künste — Plastik, Architektur, Malerei, Musik — in der Weise unverkennbar ist, dass die Plastik die Hauptkunst der Griechen, die Architektur des Mittelalters, die Malerei der Renaissance und die Musik der Gegenwart wurde, wobei die jeweilig dominirende Kunst die drei übrigen zu ihrem Dienst heranzog und ihnen mehr oder weniger ihren eigenen Charakter aufprägte.

Man wird mir einwenden, dass alle diese Künste, namentlich Architektur und Malerei, schon in der vorgriechischen Zeit — bei den Aegyptern, Assyrern, Persern — blühten.

Dieses ist eine unleugbare Thatsache. Aber ebenso gewiss ist, dass die menschliche Kunstentwicklung in gewissen Rotationen voranschreitet. Die ganze Cultur des Orients tritt als ein Fertiges, als das Resultat einer ungeheuren Vergangenheit, welche eine grosse Zahl von Rotationen schon in sich schliesst und abschliesst, in die Geschichte ein. Ihr Werden ist für uns ein Buch mit sieben Siegeln. Wir können nur die grosse Aufeinanderfolge — platonische Jahre, wenn man will — in der historischen Kunstentwicklung ins Auge fassen und daraus Rückschlüsse auf die Vergangenheit machen. Es ist ja wohl unzweifelhaft, dass die Griechen schon sangen, malten, bildeten, lange bevor sie den Marathonkämpfer ganz und gar in der Art und nach dem Kunstcharakter der assyrischen Plastik darstellten. Dass sie aber diese orientalische Plastik nunmehr überkamen, sie weiterbildeten, sie mit dem ganzen Inhalt ihrer Eigenart erfüllten und sie dann anderen Völkern übertrugen: das ist ein Theil der culturhistorischen Bedeutung des Griechenvolkes, das ist ein Glied in dem ungeheueren Voranschreiten der Kunstentwicklung der Menschheit. Dass es nicht die Musik, nicht die Malerei, nicht die Architektur war -- in welchen sie ja wohl auch Grossartiges geleistet — welche in den Vordergrund trat, sondern die Plastik, das ist es worauf ich das Hauptgewicht lege. Wie bei dem griechischen Fackellauf, so entzündet sich Leben an Leben in der organischen Welt — *vitaï lampada tradunt*, sagt Lucrez — aber auch in der Welt der Kunst herrscht die Tradition. Und es ist höchst wahrscheinlich, dass der Besitz von Kunstfertigkeiten, die uns jetzt so allgemein erscheinen, dass wir das menschliche Leben ohne dieselben fast nicht denken können — wie der Besitz des Feuers — durch Tradition sich verbreitet hat. Es gehört freilich eine grosse Abstractionskraft dazu, dieses Griechenvolk mit seinem reichsten Lebensinhalt, mit seinen mannigfachsten Entfaltungen auf allen Gebieten des Wissens und der Kunst, wieder als ein Glied in der ungeheueren Entwicklungsreihe des menschlichen Kunstausdrucks und zwar wieder als ein erstes Glied aufzufassen, das die Rotation aufs neue, natürlich in viel ausgedehnterer Peripherie beginnt. Um das Begreifen dieser schweren Abstraction zu erleichtern, will ich hinzufügen, dass sich, wie im Alterthum die Plastik, so im Mittelalter die Architektur, in der Renaissance die Malerei, in der modernen Zeit die Musik auf gleiche Höhe des Ausdrucks aufschwangen, in welchem sie den Lebensinhalt ihrer ganzen Epoche am klarsten, deutlichsten, vollkommensten künstlerisch aussprechen konnten.

Ist dieses Raisonnement richtig, so müssen auf dem Höhepunkt der griechischen Kunst Malerei, Architektur (von der Musik wissen wir fast nichts) und die übrigen Künste unter dem Einflusse und im Dienste der Plastik gestanden haben. Von der Dichtkunst habe ich bereits geredet. Dass die Vasenbilder und Figuren auf Wandgemälden in ihren Linien und Haltung durchaus das Typische und Charakteristische plastischer Darstellung haben, ist auch bei oberflächlicher Betrachtung unverkennbar. Und die Schauspielerkunst — die die Erregung im Gesichtsausdruck verschmähte, in der Maske nur das Typische, Dauernde zuliess, der feierliche Gang auf dem Kothurn, das Verwischen der individuellen Züge in der dramatischen Dichtung, die dadurch in so scharfen Gegensatz zu der modernen (Shakespeare) tritt — wie viel neue Belege! Götz von Berlichingen, Egmont neben Iphigenie und Tasso, welche Gegensätze!

Da ich nun zur Architektur übergehe, so sei auf das Verhältniss derselben in der griechischen Kunst zur Plastik besonders hingewiesen. Der griechische Tempel, er ist das Haus des Gottes, dessen Statue in seinem Inneren thront. Dieses Haus muss als Götterwohnung gross, edel, würdig sein, kein Zweifel! aber immer schliesst die Architektur sich nur um die Plastik, immer ist das

Götterbild die Hauptsache, noch ist die erstere nicht freie Kunst. Plastische Anschaulichkeit, edle Einfalt und stille Grossheit spricht aber auch aus den griechischen Tempelbauten, aus diesen von Säulen getragenen einfachen Steindecken. Mit Recht hat man das Grundprincip — den menschlichen Körper — auch in der griechischen Architektur wiedergefunden. „Die einzelnen Bautheile, sagt Hettner, werden lebendige Glieder. Sie bedingen sich unter einander mit innerster Nothwendigkeit, in ihrer Form sprechen sie den Grund ihrer Existenz, ihre besondere bauliche Function, ihren Zusammenhang mit den anderen Baugliedern, ihre Stellung zum Ganzen aus und das Ganze selbst scheint wiederum nur aus diesem lebendigen Incinandergreifen und Zusammenwirken der einzelnen Formen und Glieder herausgewachsen."

Gehen wir nun zur Architektur als der eigentlichen Kunst des Mittelalters, der zweiten in der grossen Reihenfolge über, so bemerken wir zunächst, dass sie mit der Plastik noch etwas sehr Wesentliches gemein hat, nämlich die Körperlichkeit. Es kommt aber bei ihr ein neues, sehr wichtiges Element zur Geltung, welches wie wir sahen, die Plastik nur sparsam verwendet, nämlich die Symbolik. Man könnte sagen, es gelangt zu ausschliesslicher Verwerthung und hat deshalb öfter die Architektur mit der Musik verglichen.

2

Der in dieser Kunst sich bethätigende Sinn ist der Raumsinn; die Architektur ist die Poesie des Raums.

Wenn wir in ein enges oder unsymmetrisch gebautes Zimmer treten, so sagen wir: die Wände erdrücken uns, die Decke stürzt auf uns herab, die unharmonischen Ecken und Winkel verletzen unser Gefühl.

Treten wir dagegen in einen hohen Prachtsaal, so fühlen wir, wie unser eigenes Wesen sich erweitert, wie mit dem frei herumschweifenden Auge unser ganzer Körper sich aufschwingt, sich wohlig als den Bewohner dieser weiten Räume fühlt — es ist kein Suchen, wie bei dem Anschauen des plastischen Kunstwerks, der Genuss liegt in dem freien Auf- und Abwandeln; das breite schützende Dach, das auf den festen Säulen ruht, die harmonisch abgeschlossenen oder sich verbindenden Raumtheile, symmetrische, rhythmische Verhältnisse, alles das umgibt uns mit einer Hülle von künstlerischem Wohlbehagen, die wir zuletzt mit unserem eigenen — raumerfüllenden — Selbst identificiren, in welche wir selber gleichsam empor- und hineinwachsen. Wenn wir sagen, es braucht lange Zeit bis wir uns an eine neue Wohnung gewöhnt haben, so ist damit der letztere Prozess gemeint.

Es erwacht demnach in der Architektur ein Formsinn, der nicht mit der tastenden Hand, sondern unmittelbar mit unserem ganzen Raumgefühl aufgefasst wird. Ein ähnlicher Sinn muss es sein, der die Insekten antreibt, sich die bestimmt geformte Zelle zu bauen, die eigenthümlich gestaltete Höhlung zu graben. Ich denke dabei namentlich an diejenigen, welche als Larven sich ein Haus bauen, das für den später entwickelten, viel grösseren Käfer ausreicht.

Zur reichsten und eigenthümlichsten Entfaltung gelangte diese Kunst in der gothischen Baukunst des Mittelalters, welche eine ausserordentliche Mannigfaltigkeit von Mitteln zur wundervollen Einheit eines künstlerischen Ganzen gestaltete.

Das Material, womit diese mittelalterliche Kunst schuf, war die in der alexandrinischen Zeit zu grösserer Selbständigkeit entwickelte, dann von den Römern überkommene und mit neuem Leben erfüllte Baukunst, die zunächst zum romanischen Stil, einer Verbindung der abendländischen Basilikenform mit dem byzantinischen Hochbau, führt. Der Geist, welcher diese aus dem Alterthum überlieferten Formen weiterführte und zu einer neuen höchst eigenthümlichen Schöpfung entwickelte, war der Geist des Christenthums, vermählt mit dem germanischen Volksgeiste.

Schon Tacitus hebt bei den Germanen jenes innige Naturgefühl hervor, welches das geheimnissvolle Walten der Götter in der lebendigen Waldeinsamkeit am würdigsten zu verehren glaubte. „Uebrigens halten sie weder die Götter in Wänden einzuschliessen, noch sie in irgend einer menschlichen Gestalt abzubilden, der Grösse der Himmlischen angemessen. Haine und Forste weihen sie und mit der Götter Namen bezeichnen sie jene Abgeschiedenheit, die sie nur mit Ehrfurcht schauen." (Germ. 9).

Ist es nicht eine ähnliche, geheimnissvolle Stimmung, die uns ergreift, wenn wir in einen gothischen Dom eintreten. Das ist nicht, wie der griechische Tempel, das Haus des Gottes, das ist ein geheiligter Raum, der mit seinen Strebepfeilern und Spitzbogen uns in die Höhe, zum Himmel emporziehen soll. Oft hat man den gothischen Bau mit einem deutschen Walde verglichen, am schönsten that dies Uhland in der „verlorenen Kirche."

> „Doch als ich wieder sah empor,
> Da war gesprengt der Kuppel Bogen,
> Geöffnet war des Himmels Thor
> Und jede Hülle weggezogen."

Der christliche Geist bekundet sich auch in der Bewältigung der Masse, des schweren Stoffes durch den siegreichen Geist: die Spitzbogenwölbung strebt in Freiheit empor; im Innern ist die Mauer durchbrochen, frei ist der Raum zwischen den Pfeilern und auch die äussere Mauer öffnet sich in grosse, spitzbogige Fenster. Aufwärts strebt der Thurm, ein Wegweiser zum Himmel, der die Glocke birgt, die eine Stimme ist von oben.

Tausendfältige Ornamentik, Thürmchen, Blätterwerk, Sculpturen geben der vielfältig durchbrochenen Masse das Gepräge der Leichtigkeit; der todte Stoff scheint zu organischer Triebkraft durchgeistigt. Also die Grundideen des Christenthums, die Herrschaft des Geistes über den Körper und die Sehnsucht nach einer höheren Welt kommen hier zum vollkommensten Ausdruck.

Gehorsam und bescheiden schmiegt sich die Plastik als dienende Kunst unter die Architektur, sie begnügt sich Portale, Tragpfeiler, Nischen mit ihren Werken zu zieren; ja sie schafft selber in Altarhäuschen, Grabmälern u. s. w. streng architektonische Gebilde. Die Musik ist die Stimme, welche diesen heiligen Raum erfüllt, das Brausen der Orgel und die polyphonen Engelsgesänge tragen die Sehnsucht der Gläubigen mit dem Weihrauchduft an diesen hohen Gewölben empor. Auch die Malerei erscheint in architektonischer Composition an den hohen Glasfenstern und schliesst sich ebenfalls als dienendes Glied dem Ganzen an; indem das farbige Helldunkel die geheimnissvolle Stimmung des Innern erhöht und der Blick der frommen Gemeinde nicht in die werkthätige Alltäglichkeit des gemeinen lärmenden Marktes, sondern hinausschaut

in eine Welt
von heil'gen Frauen, Gottesstreitern.

Die erhöhte Innerlichkeit, das Erwecken der Stimmung, die mächtigere, weil ausdrucksreichere Herrschaft über den Menschen; das sind die Eigenschaften, die sich uns in der Wirkung der Architektur offenbaren. Alles dies erreicht sie fast ausschliesslich durch das Mittel der Symbolik.

Noch hätte ich von der Dichtung zu reden und nachzuweisen, dass auch in ihr der architektonische Charakter, welcher den ganzen Geistesinhalt des Mittelalters durchdringt und ausspricht, zum Ausdruck gelangt.

Ein Lied von Stein nennt Vilmar die Elisabethkirche in Marburg und er meint, dass dieses Triumphlied der Gottesminne in der kunstreichen Harmonie seiner Säulen und Bogen die süssen Harmonieen der Lieder vernehmen lasse, die damals sind gesungen worden. Es liegt darin viel Wahres und dieser Gedanke ist offenbar aus der unmittelbaren Empfindung des für das Mittelalter einseitig begeisterten Literarhistorikers hervorgegangen. Obgleich auch das musikalische Princip in den mittelaltrigen Minneliedern waltet, wie ja natürlich, da sie bestimmt waren gesungen zu werden, tritt doch grade in dem kunstvoll verschlungenen Strophenbau, der in der Zeit des Verfalls zu verkünsteltem Formalismus ausartet, welcher in den Dichtungen der Meistersinger barock genug auftritt, die eigentliche Einwirkung der Architektur sehr deutlich zu Tage; denn gerade die Einflechtung des Gedankens oder der Empfindung in rhythmisch und parallel geordnete Strophen könnte man die Tektonik der Dichtung nennen. Ich glaube es dürfte auch nicht schwer fallen, in der mittelalterlichen Epik, namentlich in dem Kunstepos, diese an einen Faden scheinbar so zusammenhanglos angereihten Abenteuer in Uebereinstimmung zu finden mit dem vielgestaltigen, nach allen Richtungen sich selbständig gliedernden Leben der gothischen Architektur, deren wahre Einheit gerade in dieser unglaublichen Mannigfaltigkeit liegt. Das Eine will ich noch hervorheben, dass die Lust an der allegorischen Dichtung unzweifelhaft in Zusammenhang steht mit der symbolisirenden Tendenz der Baukunst, wie denn ja die mittelaltrigen Architekten auch Dichter waren, welche die Versunkenheit von Adel und Geistlichkeit oft genug in satirischen Bildwerken an und in den Kirchen züchtigten und das klassische Thierepos vom Reineke Fuchs nicht nur von Dichtern sondern auch von Steinhauern weitergedichtet und entwickelt wurde.

Vielleicht ist es auch nicht ganz ohne Bedeutung, dass die erste weltbefreiende Geistesthat der erwachenden Naturwissenschaften die Erkenntniss des Wunderbaus des Weltsystems durch Copernicus gewesen ist und dass diese Erkenntniss am Schlusse des unter den mächtigen Eindrücken der architektonischen Kunstwerke herangebildeten Mittelalters einem bevorzugten Geiste aufging. Es war ja auch gleichzeitig eine Art von grossartiger Intuition, aus welcher die Erkenntniss entsprang und man lese, mit welch begeisterten Worten Copernicus und Kepler, auch eine erhabene Poesie des Raums, die Poesie der Himmelssterne, rühmen.

Vischer sagt in seiner Aesthetik bei Gelegenheit der Besprechung der mittelalterlichen Plastik, welche einen Rückschritt, eine Entartung im Vergleich mit der unerreichten antiken aufweist: „Wir haben uns bereits dagegen erklärt, diesen neuen Styl als einen Abfall vom Ideal aufzufassen. Der Zug des Mittelalters war ein anderer, als der des Alterthums; was im Zusammenhang antiken Entwicklungsganges Fall war, ist im Mittelalter Steigen. Freilich setzt dies eine andere Kunstgattung als diejenige voraus, in welcher das wesentlich verschiedene Ideal des Mittelalters seine Höhe erreicht: die Malerei; aber überall reisst die vorzüglich herrschende, das Ideal einer Zeit aussprechende Kunst die anderen Künste mit sich fort und in die Scharte, die dadurch den aus ihrem Wesen fliessenden Stylformen geschlagen wird, dringt versöhnend und entschädigend eben jener Zug des Ganzen mit seiner hohen Berechtigung. In Griechenland konnte die Malerei und Poesie neben dem herrschenden Zuge zu plastischer Idealität keineswegs den Styl entwickeln, in welchem sich erst die Fülle des Wesens dieser Künste zeigt, aber wir bewundern sie doch, weil wir vom plastischen Grundgefühle fortgerissen, die Mängel der Entwicklung mit der Vollkommenheit der plastischen Kunst übertragend decken.“

Mit dieser Auffassung durchaus einverstanden habe ich im Vorausgehenden den Erweis gebracht, dass nicht die Malerei, sondern die Architektur das Bett war, in welches der neue Entwicklungsstrom künstlerischer Idealität sich ergoss. Vischer selbst spricht es mehr als einmal aus, wie die Einfügung und Unterordnung unter die Architektur sowohl der Malerei als der Sculptur Eintrag that, indem sie ihre Selbständigkeit beschränkte. Es ist ja nur natürlich, dass bei letzterer das Malerische der Composition und die perspectivische Behandlung eintreten muss, wenn die Bildwerke nur als untergeordnete Glieder über Portalen, Altären, an Tragpfeilern und Mauern erscheinen dürfen; der plastische Stil, welcher die allseitige, vollkommene Herausbildung der Körperlichkeit enthält, weicht dem malerischen Stil, der im Relief schon der Fläche und dem einzigen Gesichtspunkte sich nähert.

Dass aber auch das architektonische Stilgefühl, welches in dem Wunderbau des gothischen Doms bis zur äussersten Grenze der Entfaltung voranschritt, indem die Kühnheit und unendliche Verzierungsfülle fast die Freiheit der Empfindungsbewegung in das Structive hineinträgt, schliesslich, in der Spätgothik, in der Uebertreibung der Zierlichkeit, in dem Verspotten der structiven Gesetze u. s. w. sich abschwächt, verloren geht, den sich herandrängenden Einmischungen einer anderen Kunstgattung sich unterordnet, das hat Vischer ebenfalls hervorgehoben.

Es drängen also Ausgangs des Mittelalters sowohl Plastik als Architektur in die Stilformen einer neuen Kunst, der Malerei, welche nun als der vollendetste Ausdruck des Idealitätsdrangs der folgenden Zeit, jene Stelle einzunehmen berufen ist, welche im Mittelalter die Architektur, im Alterthum die Plastik inne hatte. Vierzehntes und funfzehntes Jahrhundert sind die Zeiten des Uebergangs; der Strom sucht sich ein neues Bett.

Antike Bauformen durchdrungen und weiter entwickelt vom christlich-germanischen Geiste, das war der Grundzug der mittelalterlichen Kunstentfaltung. Die Innigkeit des christlichen Lebens und der religiösen Empfindung bleibt auch jetzt noch die Lebenswärme, aus welcher die Kunstschöpfung hervorgeht, aber diese sucht ein reicheres, ein ausdrucksvolleres Mittel, als die Architektur. Die jüdisch-christliche Ascese, die Verschmähung der Darstellung des Göttlichen durch ein geschnitztes Bild haben sich ausgelebt; aus ihrem Todesschlaf erwacht die Antike und zeigt den Blicken der

durstigen Menschheit die unvergänglichen Schönheiten
der Natur, der Menschengestalt; die Sinnenwelt tritt
wieder in ihre Rechte, es ist das Zeitalter der Renaissance und die Rafael'schen Madonnen sind der
Höhepunkt der künstlerischen Darstellung: Vermählung
der christlichen Innigkeit mit den sinnenfrischen, edel-
sten Formen der antiken Kunst.

In Plastik und Architektur fanden wir einer wesent-
lichen Eigenschaft der Dinge — deren idealischen Darstellung die Kunst nachstrebt — vorwiegend Rechnung
getragen: der Körperlichkeit. In der Malerei tritt
auch diese zurück. Der schöne Schein tritt an die
Stelle der Wesenheit. Die feinere Symbolik von Licht
und Dunkel, Farbe und Glanz, die höhere Abstraction
der Umrisse macht sich ausschliesslich geltend. Die
Malerei ist die Kunst des Gesichtssinnes.

Dass die Farbe des Gesichts, der Glanz des Auges
— eben weil sie eine flüchtigere, individuellere Seelenstimmung verrathen — durch den Pinsel des Malers
fixirt viel mehr Innerliches hervorkehren, als die
beiden vorausgenannten Künste vermögen, ist leicht be-
greiflich. Die verfeinerte Sinneswahrnehmung, die verfeinerte Darstellung verleihen der Malerei die grössere
Ausdrucksfähigkeit. Hier will ich auch wieder auf die
Eingangs dieses Schriftchens erwähnte — historisch
nachweisbare -- allmähliche, erst mit der Zeit eintretende

Erziehung des Auges zu vollkommnerer Farbenauffassung hinweisen. Diese in historischer Zeit platzgreifende Schärfung und Verfeinerung des Sinns musste nothwendig in einer günstigen Epoche zum Bewusstsein kommen und sich der künstlerischen Menschheit als ein neues, ausdrucksvolleres Mittel von selbst aufdrängen.

Nicht das Charakteristisch-Typische, wie in der Plastik, sondern der besonders glückliche Moment ist Aufgabe und Ziel des Malers. Nicht ein vollkommenes Umwandeln, um jeden einzelnen Theil mit dem Auge zu betasten — wie beim plastischen Kunstwerk —, nicht ein Durchwandeln durch die schönheitvollen Räume — wie bei der Architektur — sondern ein einziger Stand- und Gesichtspunkt ist dem Beschauer angewiesen. Das Kunstwerk ist Fläche, Tafel.

Vermochte schon die Architektur viel mehr Stimmung zu erwecken und den Sinn gefangen zu nehmen, als die keusche, hoheitsvolle Plastik, so vermag das Gemälde noch in viel höherem Grade unsere Seele zu stimmen und unsere Sinne zu reizen.

Ebenso wird von dem Beschauer viel mehr verlangt, dass er sich willig hingebe, dass er von dem Seinigen in die Auffassung hineintrage, dass seine Seele die Seele des Künstlers aufsuche. Dies zeigt sich besonders deutlich bei den Landschaftsbildern. Das plastische Kunstwerk ist ganz es selbst, der gothische Dom erweckt

Andachtsempfindungen, die bei jedem Menschen schon verschieden sind, die farbige Landschaft erregt ganz unbestimmte Gefühle, die von den Erlebnissen und individuellen Anlagen jedes einzelnen abhängig sind. Die Wirkung der Kunst ist nur, dass sie geläutert, beruhigt, idealisirt werden.

Wir können die Malerei genetisch aus der Plastik herleiten. Der Liebhaber, welcher die Statue umwandelt, findet wohl unter all den verschiedenen Gesichtsauffassungen eine, welche von allen übrigen sich dadurch unterscheidet, dass sie am charakteristischsten ist. In diesem Augenblick hat er den Umriss der Zeichnung, jene schwierige Abstraction, gefunden. Zu diesem von der Plastik Entlehnten fügt er nun noch Neues, nämlich Farbe, Licht, Glanz, mit deren Hilfe er ausdrucksvoller wirkt, Inneres d. h. Seele erschliesst.

Die Herrschaft der Malerei als prävalirender Kunst rechne ich vom vierzehnten bis achtzehnten Jahrhundert, ihren Höhepunkt bezeichnen die Namen Michelangelo, Rafaël, Rubens, Dürer, Holbein.

Der überwiegende Einfluss des Malerischen lässt sich wohl am besten durch die Entartung der anderen Künste nachweisen. Zunächst aber will ich dem Einwurf begegnen, dass ja auch die Baukunst in der Renaissance-Zeit herrliche Werke hervorgetrieben habe; es war dies eine bewusste Erneuerung des römischen Stils;

zur lebensvollen Weiterentwicklung gelangte derselbe nicht, eben weil eine andere Kunst, die Malerei, berufen war, dem höchsten idealen Inhalt der Zeit Ausdruck zu verleihen.

Dagegen steht der Barockstil, sowie das Rococo durchaus unter der Herrschaft des Malerischen; das Vorwiegen des Schnörkels, welcher alle Architektur verkleistert, als malerischer Ueberhang nur decorativ wirkt, spricht noch heute aus den zahlreichen Prachtgebäuden jener Periode laut diese Wahrheit aus.

Ebenso lehrreich sind Ornamentik und Erzeugnisse des Kunstgewerbes. Wenn hier im Alterthum Thier- und Menschenfiguren in plastischer Einfachheit und organischer Ausbildung deutlich genug ihren Ursprung bekennen, ist das Wesen der mittelalterlichen Ornamentik das Stachlichte, Gerippige, Gradlinige des architektonischen Stils; selbst die Pflanzenformen werden von dem geometrischen Gesetze, der krystallinischen Bildung beherrscht. Man braucht ja nur an den stilisirten Reichsadler zu denken, der als ein lebendiges Zeugniss in unsere Zeit hereinragt. Im Rococo dagegen, jenem Todfeind der graden Linie, treten die geschweiften und gerollten Verzierungen, das schilf- und bandartige, die Schneckenlinie und das Muschelförmige, wie in den Bauwerken, so in allen Geräthen des täglichen Gebrauchs uns aufdringlich entgegen.

Auch in der Gartenkunst verschwindet das Organische und Architektonische, Zeichnung und Farbenwirkung walten vor.

Das Costüm steht durchaus unter der Einwirkung des Malerischen; selbst die Verirrungen der Zopfzeit — die bunten Reifröcke und die Schönheitspflästerchen lassen sich auf dieses zurückführen.

In Betreff der Plastik habe ich die Hinneigung zum Malerischen schon im Mittelalter bereits erwähnt; bis zu welcher Vernichtung des plastischen Stilgefühls dieselbe führte, davon geben die zahlreichen Denkmäler des XVII und XVIII Jahrhunderts beredte Kunde. Ich begnüge mich, folgende Stelle Herder's anzuführen: „Ich weiss, dass ein Franzose noch neulich hoch gerühmt hat, seine Nation habe das Gruppiren der Bildsäulen nagelneu erfunden, sie habe zuerst Bildsäulen malerisch gruppirt, wie nie ein Alter gruppirt habe. Die Bildsäulen malerisch gruppiren? siehe da schnarrt schon das Pfeifchen; denn eigentlich geredt, ist's ein arger Widerspruch!"

Auch die Musik verleugnet diese Einwirkung nicht; die Tonmalerei herrscht in den italienischen Fiorituren, Cadenzen und Schnörkeln und selbst der gute Vater Haydn componirt descriptive Stoffe und überlädt sie oft mit Nachahmungen der Natur d. h. mit Tonmalereien.

Am deutlichsten ist aber dieser Charakter der Dichtkunst aufgeprägt. Die fratzenhaften Nachahmungen des
französischen Geschmacks in den beiden schlesischen
Schulen, die soweit gingen, dass sie durch kurze und
lange Verse Körbchen, Vasen, Flaschen darstellten, mögen
jeden überzeugen, bis zu welchem Excess die Unterordnung unter die Eine Kunst getrieben wurde. Die
langathmigen Tiraden und rhetorischen Ergüsse der
Helden in der sogenannten französischen Tragödie sind
weiter nichts als breites Ausmalen der Situationen und
Leidenschaften. Im XVIII. Jahrhundert war das lang-
weiligste Genre — die descriptive Poesie — zur Allein-
herrschaft gelangt, niemand zweifelte, dass Dichten nichts
anderes sei als ein Malen mit Worten, da — schrieb
Lessing sein unsterbliches Werk und mit diesem beginnt die wahre Aesthetik, aber auch die neue Epoche
der wahren Dichtung.

Nachdem die Malerei den höchsten Inhalt dieser
Mittelzeit zwischen Mittelalter und moderner Zeit ausgesprochen, nachdem sie selbst in ihrer Entartung noch
lange nachgewirkt und die übrigen Künste sich dienst-
bar gemacht, trat sie ihr Scepter an die Musik ab.

Ueber das Wesen der Musik ist schon mehr geschrieben worden, als gut ist; ästhetische Wasserfluten
haben sich in breitesten Strömen über dies Gebiet er-
gossen; ich will aus den zahllosen Erklärungsschriften

zu den bedeutendsten musikalischen Schöpfungen nur das Eine constatiren, dass Jeder seine eigenen Empfindungen und Vorstellungen den Tönen unterschob, und wie entgegengesetzt waren diese! dass demnach schon in dieser Hinsicht die Musik in der oben S. 13 angeführten Stufenfolge naturgemäss nach der Malerei kommt d. h. das individuelle Leben des Auffassenden und Geniessenden noch mehr zur Geltung kommt, als bei letzterer. Ich will hier die Aussprüche eines bedeutenden Musikers anführen, da wir aus dem Schaffen der Künstler wohl am ersten Aufschluss erwarten dürfen über das Wesen der Kunst, namentlich wenn es denkende Künstler sind, die sich der Tendenzen ihrer Zeit und der Ausdrucksfähigkeit ihrer Kunst im Verhältniss zu den übrigen wohl bewusst sind.

„Es wird soviel über Musik gesprochen und so wenig gesagt, schreibt Felix Mendelssohn (Reisebriefe I, 337). Ich glaube überhaupt, die Worte reichen nicht hin dazu und fände ich, dass sie hinreichten, so würde ich am Ende gar keine Musik mehr machen. Die Leute beklagen sich gewöhnlich, die Musik sei so vieldeutig; es sei so zweifelhaft, was sie sich dabei zu denken hätten, und die Worte verstände doch ein Jeder. Mir geht es aber gerade umgekehrt. Und nicht bloss mit ganzen Reden, auch mit einzelnen Worten, auch die scheinen mir so vieldeutig, so unbestimmt, so missverständlich im Verhältniss zu einer rechten Musik, die Einem die Seele erfüllt mit tausend besseren Dingen als Worten. Das was mir eine rechte Musik ausspricht, sind mir nicht zu unbestimmte Gedanken, um sie in Worte zu fassen, sondern zu bestimmte. — Fragen Sie mich, was ich mir dabei gedacht habe, so sage ich: gerade das Lied wie es dasteht. Und habe ich bei dem einen oder anderen bestimmte Worte im Sinne gehabt, so mag ich die doch keinem Menschen aussprechen, weil das Wort dem einen nicht heisst, was es dem anderen heisst, weil nur das Lied dem einen dasselbe sagen, dasselbe Gefühl in ihm erwecken kann, wie im andern — ein Gefühl das sich aber nicht durch dieselben Worte ausspricht. Resignation, Melancholie, Lob Gottes, Parforce-Jagd — der eine denkt dabei nicht das was der andere; dem einen ist Resignation was dem anderen Melancholie; der dritte kann sich bei beiden gar nichts recht lebhaftes denken. Ja wenn einer von Natur ein richtiger Jäger wäre, dem könnte die Parforce-Jagd und das Lob Gottes so ziemlich auf eins herauskommen und für den wäre wirklich und wahrhaftig der Hörnerklang auch das rechte Lob Gottes. Wir hörten davon nichts als die Parforce-Jagd und wenn wir uns mit ihm noch so lange darüber herumstritten, wir kämen nicht weiter. Das Wort bleibt vieldeutig und die Musik verständen wir doch beide recht."

Aus dieser denkwürdigen Aeusserung geht zweierlei hervor: 1) was ich so eben andeutete, dass beim Anhören einer und derselben Musik sich Jeder etwas anderes vorstellt; dass das Empfindungsleben wohl in gleicher Weise angeregt wird, dass aber Inhalt und Objecte dieser Empfindungen bei Jedem andere sind, die bei den Tönen mitschwingen; dass somit die Auffassung der Musik die individuell bedingteste ist. 2) dass Mendelssohn die Ausdrucksfähigkeit der Musik für viel vollkommener hält, als die der Dichtung mit Worten.

Dass es nicht etwa die Einseitigkeit des Musikers ist, welche den Künstler die letztere Behauptung aufstellen liess, dafür will ich gleich den Beweis erbringen, indem ich die Worte unseres Schiller anführe:

Leben athme die bildende Kunst, Geist fordr' ich vom Dichter,
Aber die Seele spricht nur Polyhymnia aus.

und

Warum kann der lebendige Geist dem Geist nicht erscheinen?
Spricht die Seele, so spricht ach schon die Seele nicht mehr.

und endlich:

Schlimm, dass der Gedanke
Erst in der Worte todte Elemente
Zersplittern muss, die Seele sich im Schalle
Verkörpern muss, der Seele zu erscheinen.
Den neuen Spiegel halte mir vor Augen,
Der meine Seele ganz empfängt und ganz
Sie wiedergibt; dann, dann hast du genug,
Die Räthsel meines Lebens aufzuklären.

Die letztere Stelle schrieb Schiller auf dem Höhepunkt seines individuellen Lebens in der warmen Glut seiner liebebedürftigen Seele an Charlotte von Lengefeld, da er sein Geschick unauflöslich an das ihrige band.

Dieses Eingeständniss des grossen Dichters, dass seine Kunst unzureichend sei, das Beste auszusprechen, was in seiner Seele ruhe, gibt uns im Verein mit den Worten Mendelssohns eine sehr beachtenswerthe Aufklärung, nämlich dass die gesteigerte Ausdrucksfähigkeit der Musik sogar die Dichtung überholt hat.

Und es ist darum der musikalische Zauber der Sprache, nach welchem die moderne Dichtung vorwiegend ringt. Dieser Zauber war der Dichtung von jeher eigen, das steht ausser Frage. Die schönen Sagen des Alterthums von Orpheus und Arion, der liebliche Sänger Horant in der Gudrun, der sang,

dass die Vöglein vergassen ihres Lieds und die Kranken ihres Leids, ja dass die Fischlein inne hielten in ihrer ewigen Fahrt,

sie künden deutlich den Reiz, mit welchem die Töne von je des Menschen Herz bestrickten und dass die Dichtung darum in der Musik stets ihren mächtigen Bundesgenossen suchte und fand. Sagt doch auch Raynouard von den provençalischen Liedern, dass die Melodie der Sprache, mehr als die Worte, die Seele ergreife und in eine unbestimmte Traumseligkeit wiege;

dass es darum schwer, wenn nicht unmöglich sei, von diesen Liedern eine Uebersetzung zu geben.

Aber alle diese Berichte und Sagen beziehen sich ausschliesslich auf die Lyrik, die ihrem Wesen nach dazu bestimmt ist, gesungen zu werden. Daneben ist denn im Alterthum und Mittelalter noch ein grosses, ja das grösste Gebiet der Dichtung, in welchem, wie ich bereits erwähnt, ein anderer Kunstcharakter vorwaltet. Oder wer wollte behaupten, dass in Homer und Sophokles, in Dante und den Nibelungen, das musikalische Element vorwiegend sei?

Dass dagegen die musikalische Stimmung in der modernen Dichtung durchaus massgebend, dass die letztere demnach ihre Eigenthümlichkeit unter der Einwirkung der zur Herrschaft gelangten Tonkunst gewonnen hat, das ist eine Wahrheit, welche ich durch unzählige Beispiele erhärten könnte. Bei der skizzenhaften Anlage dieses Aufsatzes muss ich mich natürlich auf einige möglichst einleuchtende und charakteristische Aeusserungen und Thatsachen beschränken.

Der Morgenstern der grossen deutschen Dichterepoche ist Klopstock. Mit ihm beginnt der Kampf gegen die Fessel der langweiligen französischen descriptiven d. h. malerischen Poesie. Empfindung, Phantasie, Naturwahrheit hat er auf seine Fahne geschrieben. Wie urtheilt nun Schiller von diesem Vater der deutschen

Dichtung: „Klopstock war ein durchaus musikalischer Dichter, aber kein plastischer. Je nachdem nämlich die Poesie entweder einen Gegenstand nachahmt, wie die bildenden Künste thun, oder je nachdem sie, wie die Tonkunst bloss einen Zustand des Gemüths hervorbringt, ohne dazu eines bestimmten Gegenstandes nöthig zu haben, kann sie bildend (plastisch) oder musikalisch genannt werden." Dasselbe Urtheil fällte bekanntlich Göthe, da er sich in den Gesprächen mit Eckermann über die Figur lustig machte, welche die „beiden Musen" in ihrem Wettlaufe nach dem Ziele darbieten: „Wie sie die Beine geworfen haben mögen!"

Schiller gibt über sein eigenes Schaffen folgende höchst interessante Mittheilung: „Die Empfindung ist bei mir anfangs ohne bestimmten und klaren Gegenstand; dieser bildet sich erst später. Eine gewisse musikalische Grundstimmung geht vorher und auf diese folgt bei mir erst die poetische Idee."

Die Musik war demnach auch für unseren grossen Dichter, wie für Mendelssohn, das Tiefere, Ursprünglichere. Im Einklang damit behauptet ein neuerer Kunstkritiker: „Beim Volkslied ist die Melodie das Ursprüngliche; sie gebiert die Dichtung aus sich und stets wieder aufs neu. Beethovens Symphonieen nöthigen den Zuhörer stets zu einer Bilderrede. Selbst Beethovens Angaben ,Scene am Bach. Lustiges Zusammensein der

Landleute' sind nur aus der Musik geborene Bilder, die keinen höheren Werth haben." (Nitzsche)

Dass Lamartine's, Victor Hugo's, Béranger's; dass Byron's, Tennyson's, Wordsworth's Dichtungen theils vorwiegend, theils ausschliesslich musikalisch sind, wird nach diesen Andeutungen einleuchtend sein. Aber auch von Göthe muss ich reden.

Dass bei diesem merkwürdigen Manne, der wie ein Gebirg hoch über allen Zeitgenossen emporragt, eine Doppelnatur vereinigt war, ist schon früh erkannt und ausgesprochen worden. Als Geistesverwandter und Schüler der Griechen hat er die wunderbar plastischen Gestalten geschaffen, deren schönheitvolle Harmonie heute und allezeit die Bewunderung der Gebildeten erwecken. Was ihn aber tief, tief in den Busen seines Volks versenkt hat, das sind die herrlichen Lieder, deren musikalischer Zauber — wie bei jeder echten Lyrik — auch an dem einfachsten Gegenstande so unmittelbar unser Herz ergreift und die verwandte Stimmung erweckt, das sind gewisse Stellen in seinem grössten Werke, dem Faust.

Und wer hat es noch nicht empfunden, dass es Musik ist, musikalische Wirkung, was aus jener wunderbaren Scene in der Osternacht zu uns spricht, jene unbegreiflich schönen Seelenvorgänge, die bis zur enthusiastischen Todesweihe sich steigern und dann vor dem herrlichen Triumphgesang: „Christ ist erstanden!" sich lösen und in sanfter Rührung dahinschmelzen? Wer hat noch nicht den musikalischen Zauberklang in seiner Seele vernommen bei dem „Spaziergang vor dem Thor", wer nicht in dem innigen Gebet des armen Gretchens vor der „*Mater dolorosa*", in der zerschmetternden Scene im Dom, wo die gewaltigen Stimmen des „*Dies irae*" wie Posaunen des Gerichts uns erschüttern, und endlich in der Kerkerscene! Eine Folge von Dissonanzen der schneidendsten und aufregendsten Wirkung, die endlich nach dem furchtbaren *crescendo* in der überirdischen Harmonie des „Ist gerettet" sich auflösen!

Dass diese Ideen von dem Ueberwiegen und Vorwalten der Musik in dem Bewusstsein der Zeit ruhen, das beweisen Definitionen, wie die Schopenhauers, der in den anderen Künsten nur den Ausdruck des äusseren Scheins der Dinge sieht, sei es dass derselbe durch das Gesicht (bildende Künste) oder durch Begriffe (Worte) uns erschlossen werde, während die Musik ein Ausdruck des Wesens der Dinge sei (in dem Sinne, dass wir ja selbst ein Theil der Dinge seien und der Strom der Unendlichkeit ja auch durch uns hindurchgeht). Darum sei auch die Sprache der Musik jedem unmittelbar verständlich, während wir bei Worten, Begriffen oft sehr verschiedene Dinge denken und empfinden. Dieser Definition zollt auch Richard Wagner vollen

Beifall, indem er sie das Tiefsinnigste nennt was bis
jetzt über Musik gesagt sei: „In der Musik offenbart
sich die Idee der Welt, nicht die Idee von der Welt.
Der Musiker spricht die höchste Weisheit aus in einer
Sprache, die seine Vernunft nicht versteht." „Der Ton
ist die unmittelbare Aeusserung des Willens." „Dieser
individuelle Wille wird im Künstler als universeller
Wille wach." „Im bildenden Künstler wirkt die nach
Aussen gerichtete Wahrnehmung des Scheins der Dinge
(Reflexion); im Musiker das gegen äussere Eindrücke
verschlossene Traumleben. Dieses innere Leben ist
es, durch welches wir der ganzen Natur unmittelbar
verwandt, des Wesens der Dinge bewusst werden
können." „Aus solchen Träumen erwachen wir durch
den Schrei; dieser ist also die unmittelbarste und wahrste
Aeusserung des Willens." „Ist der von uns ausgestos-
sene Schrei, Klage- oder Wonnelaut, die unmittelbarste
Aeusserung des Willensaffekts, so verstehen wir den
gleichen durch das Gehör zu uns dringenden Laut auch
unwidersprechlich als Aeusserung desselben Affekts;
keine Täuschung — wie im Scheine des Lichts — ist
hier möglich, dass das Grundwesen der Welt ausser
uns mit dem unsrigen nicht völlig identisch sei, wodurch
jene dem Sehen dünkende Kluft sofort sich schliesst."
(R. Wagner, Beethoven.) Von diesem Gebiete der
metaphysischen Betrachtung, auf welche wir wieder zu-

rückkehren werden, wenden wir uns nun zur Betrachtung der sinnlichen Wahrnehmung, der Quelle dieser
Kunst.

Die Musik ist die Kunst des Gehörsinns. Bei Gelegenheit der Plastik bemerkte ich, dass der Tastsinn,
welcher dieser zu Grunde liegt, der wenigst schreckhafte von unseren Sinnen ist. Der Raumsinn ist schon
bedeutend schreckhafter: wie mancher ist schon mit
einem Schrei aufgewacht, indem er glaubte, die niedere
Decke stürze auf ihn herab oder er versinke in einen
tiefen Abgrund: das Auge, das mit Schaudern hinab,
mit Schwindeln hinauf sieht, steht unter dem schrecken-
den Einflusse des Raumsinns. Dass das Gesicht unmittelbar nach diesem Sinne kommt, das beweist schon
das bei einem unbedeutenden Anblick scheuende Pferd.
Der schreckhafteste aber von all unseren Sinnen ist das
Gehör. Empfänglichkeit und Eindruck sind daher bei
diesem Sinne am unmittelbarsten. Nichts lenkt unsere
geistige Aufmerksamkeit so sehr ab, nichts stört uns
mehr, als das Geräusch. Am schwersten gewöhnen
wir uns an Lärmen. Unerträglich kann uns auch ein
leises Pochen werden. Zu furchtbarem Hall vermehrt
sich das Rauschen eines Blattes in der Stille der Wüste.

Kein Wunder also, dass die Wirkung dieser Kunst
von einer Unmittelbarkeit ist, mit welcher sich keine
andere, nicht einmal die Dichtung messen kann. Sie

ist zugleich die ausdrucksfähigste. Dies erklärt sich aus Folgendem:

Wohl sind die Schwingungen des Aethers, die uns als Lichtreiz bewusst werden, das Feinste und Schnellste was es gibt. Aber das Licht hüllt die Dinge ein, dringt von ihnen zu unserem Auge und versetzt dessen Nerven in analoge Schwingungen. Und unser Auge ist hiebei nur receptiv, passiv. In dieser Hinsicht ist unser Auge das beredteste was es gibt; es spricht die Seelenvorgänge, sofern sie einem Eindruck gehorchen, am ausdruckvollsten aus: auch der Zorn, Muth u. s. f. alle Erscheinungen des Willens reflektiren sich nur in dem Auge, es steht nur unter deren Einwirkung, ist nicht die unmittelbare Aeusserung derselben. Letztere findet nur durch die Stimme statt. Es ist also das Licht ein gemeinsames, alle Dinge einhüllendes Medium; der Maler erzeugt nicht seine Schwingungen unmittelbar, er nimmt die Farben aus der Sinnenwelt, er ahmt die Dinge durch die Dinge nach.

Die Schwingungen des Schalls werden dagegen unmittelbar von dem Menschen hervorgebracht. Darum ist der Laut der feinste, vollkommenste, unvermitteltste Ausdruck, der den inneren Seelenzustand erschliesst. Das Zorn- und Wuthgeheul verkündet das active Leben des Thiers, des Menschen. Ist es da zu verwundern, dass die Musik die eindringlichste und ausdruckvollste von allen Künsten ist? Vom süssesten Wonnelaut bis zum furchtbaren Schmerzensschrei, welche Scala des Empfindungslebens in der menschlichen Stimme!

Die älteste Musik ist Gesang. Die heutige Musik hat aber eine grosse Menge von Zwischengliedern geschaffen, durch welche die ursprüngliche Inspiration erst ihre Verwirklichung findet. In dieser Hinsicht steht sie ebenfalls am äussersten Ende einer Reihe, deren Ausgang die Plastik bildet. Bei dieser ist, wie bemerkt, das schaffende Organ identisch mit dem auffassenden (die tastende Hand); nur das Auge tritt als Mittelglied, als stellvertretendes Organ für den Tastsinn dazwischen. Welche Reihe von Zwischengliedern dagegen schon zwischen dem gestalten- und licht-auffassenden Auge des Malers und dem von der Hand regierten Pinsel, den besonders zu schaffenden Farben! Das Kunstwerk des Musikers aber bedarf nicht bloss der vervollkommneten Technik der zahlreichen Instrumente, es wird erst Wirklichkeit, gewinnt erst Leben, wenn ein oder mehrere lebendige Zwischenglieder — die ausführenden Künstler — dasselbe verkörpern. Welch ein unberechenbar weiter Weg und wie gestaltet sich oft das Kunstwerk um durch falsche oder einseitige Darstellung!

Die unmittelbare Wirkung auf das Empfindungsleben versetzt die Musik auch an die äusserste Grenze der Künste in Bezug auf Sinnenreiz und Verführung. Sie ist die unkeuscheste von allen Künsten.

Haben wir in der Aufeinanderfolge der Künste eine zunehmende Symbolik gefunden, so ist die Musik die purste Symbolik, die vollendetste Abstraction von den Gegenständen der Aussenwelt. Die unter der Einwirkung der Malerei noch bei Haydn bis Beethoven hie und da vorkommende Nachahmung der Aussenwelt — Wachtelschlag, Löwensprung, Nachtigallgesang — stehen noch unter der Einwirkung des malerischen Princips. Und doch soll die Musik das wahrste Wesen der Dinge aussprechen? Dies wird durch folgende Betrachtung verständlich. Der Menschenleib, den die Plastik nachahmend schafft, ist allerdings etwas durchaus Wirkliches. Sein künstlerischer Werth liegt aber doch nur in der Wirkung, die er auf unser ästhetisches Gefühl, mit anderen Worten auf unser Empfindungsleben hervorbringt. Insofern ist diese anthropomorphische Darstellung unseres innersten Wesens naiv, natürlicher Anfang — aber sie wirkt recht eigentlich nur symbolisch.

Wem diese Abstraction zu schwierig ist, der möge sich das Schaffen der Sprache vergegenwärtigen, den treuesten Reflex unseres geistigen Werdens. Sie ging aus von Worten, welche die menschliche Geberde, das bekannteste und interessanteste von allen Dingen ausdrückten. „Kratzen, beissen, zähnefletschen" — das waren ursprüngliche Worte. Das ist die plastische Stufe der Sprachentwicklung; das ist auch der Ausgangspunkt der Darstellung des Schönen. Die Kraft der Abstraction übertrug das Beissen, Brennen u. s. w. auch auf das geistige Leben; die symbolische Kraft der Metapher beginnt zu wirken. Heute gestehen wir uns ein, dass nur gewisse Wörter und Ausdrücke im Stande sind, die innersten Vorgänge, das wahre Wesen von uns selbst auszusprechen, dass diese selbst unzureichend sind, zu allgemein wie z. B. das Wort: „ich leide", dass die ganze Symbolik der uns umgebenden, uns immer bekannter werdenden Natur nicht im Stande ist, den geheimnissvollen Mikrokosmus unseres inneren Wesens zu offenbaren. Und darum bleibt es ewig wahr, das Dichterwort:

> Da wo der Mensch in seiner Qual verstummt,
> Gab ihm ein Gott zu sagen was er leide.

Dieses Göttergeschenk ist der unmittelbare Ausdruck unserer Empfindungen in der Dichtung, mehr noch in der Tonkunst.

Darum ist diese letztere, welche in ihren Mitteln durchaus symbolisch ist, ihrem Wesen, ihrer Wirkung nach am wenigsten symbolisch. Den Fortschritt können wir uns durch ein Beispiel des täglichen Lebens am besten veranschaulichen: das Kind, das sich in seiner ersten Zeit Karlchen nannte, nennt sich urplötzlich ich.

An die Stelle des äusseren Symbols ist das Wesen getreten; das erstere ist der Ausdruck der inneren Empfindung durch den nach aussen gestellten Menschen in der Plastik, das letztere ist der selbsteigene Ausdruck dieser Empfindung in der Musik.

Von besonderem Interesse müsste es für uns sein, wenn wir den Charakter der Musik während der Herrschaft der übrigen Künste in den grossen Entwicklungsperioden verfolgen könnten. Leider wissen wir von der Musik der Alten so gut wie nichts; wir können nur vermuthen. Sie umwoben nicht nur ihre Lieder, sondern auch die dramatische Darstellung mit einer wohl sehr einfachen Instrumentalbegleitung und da, wie wir sahen, in dem Drama der plastische Charakter vorwaltete, so dürfen wir wohl annehmen, dass auch die musikalische Begleitung sich demselben anschloss und einordnete, dass das Wort die Hauptsache war und der recitirende Gesang nur eine melodische Unterstützung erhielt. Ganz anders wird die Sache im Mittelalter. Die Musik emancipirt sich von dem Anschluss an das Wort. Die geheimnissvolle Andacht, welche die ehrwürdige Nacht der gothischen Dome in ihren Raumsymbolen erweckt, spiegelt sich auch in dem polyphonen, contrapunktisch gebauten, figurirten und fugirten Gesang des Mittelalters. Wie die Architektur die plastische Wiedergabe des Göttlichen durch menschliche Bildung überwunden hat, so erwecken die mittelalterlichen Harmonisten, welche die Trennung von Poesie und Musik durchführen, in der Ornamentik ihrer reichgegliederten in einander verwobenen thematischen Sätze die gottinnigste, tiefste Andacht, in welcher der deutsche Geist seine Eigenart bekundet; denn Kenner versichern, dass man auch bei den Meistern der älteren Schule oft in Staunen versetzt werde durch die vorbrechenden Züge von sanfter Wehmuth, Zartheit und Innigkeit oder von männlich ernster, tief gründender Andacht.

Die reichgliederige Symbolik der gothischen Architektur und die vielstimmige, figurirte Harmonie des contrapunktischen Kirchengesangs sind aus demselben Stamme erwachsen.

Als dieser architektonische Stil in der Musik in unnatürliche Künsteleien ausgeartet war, da erwachte in den Zeiten der Renaissance auch die Reaction gegen denselben. „Denn sobald wieder der einfache Begriff von ausdrucksvoller Musik aufkam, empörten sich die feinhörigen Italiener über die zerstückelte Vollstimmigkeit in den unnatürlich sich jagenden Gängen der Circularmelodieen jener Fugenkunst, die ohne Einschnitte, ohne rechte Melodie, in den ziellosen allen Satzbau zerreissenden Wiederholungen der Worte, Anfang, Mitte und Ende einer Rede labyrinthisch durcheinanderwirrten." (Gervinus). Es erstanden die beiden grossen Reformatoren des Kirchengesangs Orlando di Lasso und Palestrina.

Die wunderbaren Uebergänge der Harmonieen, die zartesten Veränderungen der Grundfarbe sind die Grösse der Palestrina'schen Compositionen. „Das zarteste Anschwellen und Abnehmen, zuweilen fast unhörbar verschwimmend und von einem Ton und Accord zum anderen sich langsam hinziehend — es ist gradezu himmlisch." (Mendelssohn). Es beginnt demnach die Wirkung der Tonfarbe, des malerischen Princips, welches aus dem Zusammenklange der Menschenstimme zur reicheren Technik der vielfarbigen Instrumentirung hinüberführt. Wie sehr diese Farbenwirkung noch aus dem unbewussten Grunde der Seele hervorgeht, wie sehr Palestrina noch durch die vorhergehende Zeit bedingt ist, beweisen folgende Worte Mendelssohns: „Schlimm ist es freilich, dass die Stellen, die sie am rührendsten und andächtigsten singen und die auch offenbar mit Vorliebe componirt sind, die Ueberschriften der einzelnen Kapitel und Verse: Alef, Beth, Gimel sein müssen; und dass der schöne Anfang, der klingt als käme er vom Himmel herunter, gerade auf die Worte: *Incipit Lamentationum lectio prima* fällt. Dagegen muss sich doch ein protestantisches Herz empören und wenn man die Absicht haben sollte, diese Gesänge in unsere Kirchen einzuführen, so scheint mir schon darin die Unmöglich-

keit zu liegen; denn wenn einer singt „erstes Kapitel"
so kann man nicht andächtig werden, es sei auch noch
so schön."

Diese Worte sind sehr bezeichnend. Aus dem
figuralen Element hat sich die Musik in das malerische
Gebiet der Farbenwirkung hinübergetragen; noch aber
fehlt ihr ein wichtiger Theil, die Zeichnung der Linien, welche durch Rhythmus, Melodie und Anschluss
an das gesungene Wort erst wahre Charakteristik
schaffen und den wechselnden Gefühlen und Affekten
von der zartesten Innigkeit bis zur gewaltigsten Kraft
ihre eigene Färbung und Belebung verleihen kann. Im
Kirchengesang erwuchs ihr diese Eigenschaft durch den
Geist der Reformation, welcher im protestantischen
Kirchenliede an die einfachen Formen des naturwahren
Volksliedes anlehnte und in den Oratorien von Händel
und Bach seinen höchsten Triumph feiert. Harmonie,
Melodie und der mässig angewandte und neu durch-
geistigte Figuralgesang sind in diesen Wunderwerken
des deutschen Geistes zu höchster Schönheit vereinigt.

Am meisten trat die Wirkung des malerischen Princips in den Vordergrund in der eigentlich weltlichen
Kunstgattung der letzten drei Jahrhunderte, der Oper.
Ist es schon direkt die Schaulust, welche das Publi-
cum zu diesen Darstellungen vereinigte, tritt die Malerei
in Decorationen, Costümen und sonstigen sinnenblen-

denden Erscheinungen als die eigentliche Herrscherin auf, so ist es auch nicht zu verwundern, dass die Musik sal Dienerin sich diesem Uebergewicht unterordnet und nur bestrebt sein wird, durch Melodie, Instrumentalbegleitung, Zierate, Cadenzen und der malerischen Architektur analoge Schnörkel und Fiorituren — Charaktere, Situationen, Handlungen u. s. w. möglichst malerisch wiederzugeben.

Sie war ganz in diesem ihr fremden Element aufgegangen, als Gluck's schöpferisches Genie sie wieder durch Veredlung und Erneuerung des Geschmacks auf die Bahn ihrer eigenartigen Entwicklung zurückführte, Wie sehr auch nachmals noch das Malerische vorwog, das muss, abgesehen von der lieblichen und kindlichen, aber descriptiven Musik Haydn's, jedem Kunstsinnigen sich aufdrängen, wenn er sich nur z. B. den Eindruck des *dies irae* in dem Mozart'schen Requiem vergegenwärtigt. Nicht die innere Seelenstimmung, aus der dieser erhabene Choral hervorgegangen, erweckt die Musik — was doch ihr eigentlicher Beruf wäre — sondern sie umgibt uns mit glänzenden, leuchtenden, furchtbaren Bildern.

In der Gegenwart nun hat die Musik ihr eigenstes Wesen wiedergefunden. Von keiner anderen Kunst beeinflusst, beherrscht sie vielmehr — direkt oder indirekt — die anderen Kunstgebiete. Dies zu beweisen,

will ich nur einige markante und unwiderlegliche Thatsachen hervorheben und mich dabei auf die Anführung
des grössten Musikers — Beethoven — und des
grössten Musikverständigen — Richard Wagner —
beschränken.

Es darf als bekannt vorausgesetzt werden, wie in
dem Entwicklungsgange des Beethoven'schen Genius in
seinen ersten Werken sich noch der Zusammenhang
mit der früheren Zeit nachweisen, dann aber ein tita-
nisches Ringen nach immer grösserer Selbständigkeit
und eigenthümlicher Ausdruckssteigerung erkennen lässt.

Fragen wir nun in welchen Werken sich der re-
volutionäre Geist, der Hauptinhalt der noch nicht
abgelaufenen Periode, am treuesten und vollständigsten
ausspricht. In Dichtung und Musik; in Schiller und
Beethoven.

Welche Kunst hat die höchsten dichterischen Gestalten und Ideen, wie sie uns in den Werken unserer
unvergleichlichen Dichterheroen entgegentreten, in ihr
Gebiet herübergenommen und so interpretirt, dass sie
von ihrer Grösse nichts einbüssten, eher noch gestei-
gert und erhöht wurden? Göthe's Lieder, Göthe's Faust,
Schillers Lied an die Freude — wer hat sie in ihrer
Allgewalt so wiedergegeben, wie Beethoven in seinen
wunderbaren Tonschöpfungen?

Wie arm ist dagegen die bildende Kunst? Welche von den zahlreichen Gestalten, die Kaulbach und so viele andere Künstler Göthe nachzuzaubern versuchten, erreicht auch nur annähernd das Bild, das der Dichter mit seinen Worten in unserer Phantasie erweckt?

Im Alterthum dagegen war es Phidias, der den homerischen Zeus in höchster Vollkommenheit wiedergab, im Mittelalter der gothische Dom, der den christlichen Gedanken in staunenswerther Symbolik versinnlichte, in der Renaissance Rafaël und Murillo, welche die Ideale ihrer nationalen Dichtung erreichten oder überboten.

Ja selbst die Malerei kann die mächtige Einwirkung des vorwiegend musikalischen Charakters der Gegenwart nicht verleugnen. Farbenharmonie, Stimmung und wie die der Musik entnommenen Analogieen alle heissen mögen, das sind die Eigenschaften, welche in den Gemälden der Gegenwart ansprechen und geschätzt werden. Schleich, Piloty und Makart, wodurch errangen sie ihre Triumphe? Die grossen malerischen Linien der früheren Landschaftsbilder sind aufgegeben, die *poésie intime* der Franzosen, d. h. ein verborgenes Plätzchen, an welchem das vielfach gebrochene Licht seinen geheimnissvollen musikalischen Zauber dem Auserwählten offenbart, das ist der Beginn einer vollkommneren Technik und zugleich einer vertiefteren Auffassung der Natur. Die Anregung dazu geht aber aus von der Musik.

Die Musik ist aber auch zu einer durchaus selbständigen Kunst geworden. „Aus dem Lied entsprang die Dichtung, aus dem Gesang durch gesteigerte Abstraction alle übrige Musik, die nach aufgegebenem Wort geflügelt in solchen Höhen schwimmt, dass ihr kein Gedanke sicher folgen kann", sagt Jacob Grimm. Die Instrumentalmusik ist das potenzirte und höchste Abbild der menschlichen Stimme. Dass aber Beethoven in seiner letzten Schöpfung, der neunten Symphonie, die menschliche Stimme und die Dichtung als dienende Glieder und Mittel in seine gewaltigen Tonmassen verwob, das ist ein bedeutsames Merkzeichen der Herrschaft der Musik.

Richard Wagner verlangt bekanntlich für das musikalische Drama der Zukunft die Unterstützung und Unterordnung der übrigen Künste, die Dichtung mit einbegriffen. Ob er der auserwählte Mann ist, diese Idee zu verwirklichen, dies zu entscheiden ist nicht meine Sache. Ich constatire nur, dass diese Idee aus dem Zeitbewusstsein erwachsen ist. Ich erwähne ferner, dass seine musikalischen Dramen, trotz der Seltsamkeit der Poesie und der dem Meister scheinbar abgehenden Fähigkeit wirkliche Gestalten zu schaffen, in immer weiteren Kreisen Eingang und Anklang finden. Ebenso gewiss ist, dass während heute die Dichtung die grossen, tragischen Stoffe ängstlich vermeidet oder ohnmächtig mit ihnen ringt, der Musik kein Stoff gross, erhaben, gewaltig genug erscheint und die romantischen Hünengestalten des Mittelalters nicht nur, sondern auch die uralte Sagenwelt der nordischen Mythologie sind die Elemente die sie durchdringt und neugestaltet.[1])

Die nationale Eigenart des hellenischen Volkes gestaltet sich im Alterthum in dem plastischen Abbild des idealen Menschen; die Vielgestaltigkeit der durch die strudelnde Fluth der Völkerwanderung aus tausend Trümmern sich aufbauenden mittelalterlichen Welt krystallisirt sich im gothischen Wunderbau; das Aufdämmern neuer ferner Welten und vergessener Vorzeit für die wiedererwachende Menschheit erstrahlt in malerischer Perspective und durchgeistigter Farbenfülle in der Renaissance; der Strom der Unendlichkeit, der die Menschheit mit Faust'schen Seelenschmerzen schüttelt und nach allen Richtungen die festen Gebäude in den

---

[1]) Noch will ich bemerken, dass die ungeheure Vielgliedrigkeit und Verworrenheit aller der Lebensbedingungen, aus denen die moderne Welt sich aufbaut, nur in der direkten Resonanz derselben im Gemüthsleben durch die Harmonie der vollendetsten Symbolik einen vollkommenen Ausdruck finden kann. Kein Maler, überhaupt kein bildender Künstler vermag einen Faust, einen Napoleon wiederzugeben. Der Dichter vermag es, der Musiker vermag es.

Fugen erzittern macht, flutet in majestätischen Wogen in der Musik durch die Seelen der heutigen Menschen.

Vier Weltalter sind es, welche sich in dieser Skizze als von der historischen Menschheit durchlebt in grossen Umrissen unserem Auge dargestellt haben; vier Weltalter, die wir unterschieden haben nach dem Höchsten, was der Mensch vermag, nach seinem Können, seiner Kunst, in welcher sich sein Wissen, Glauben und Hoffen, sein ganzer Lebensinhalt, sowie seine Ahnung der Zukunft idealisch spiegelt.

Das vierte Weltalter, es wird von uns gelebt. Es ist Erfüllung der Bestrebungen der vorhergehenden Zeiten und so sind wir denn berechtigt, mit dem Lichte der Idee, welche wir als die höchste und allgemeinste, als die wahre Weltanschauung unseres Zeitalters aufgefunden haben, jene früheren Epochen, als Vorhallen, zu erleuchten, sowie den nothwendigen Zusammenhang und Entwicklungsgang dieser Epochen von jener hohen Warte aus zu überschauen. Das Dämmerweben der Frühe verkündet den Rosenschimmer der Morgenröthe und die Strahlenfluten der aufsteigenden Sonne verbürgen ihren Sieges- und Segenslauf, der Wärme und Licht in alle Tiefen, alle Fernen herabsenden wird.

Die Welt als Entwicklung des Geistes! Das Höchste, was dieser Geist geschaffen hatte, der Schlussstein einer unermesslichen Entwicklung, es war die herrliche Menschengestalt. Wie natürlich, dass sie, sie zuerst als die einzige, die wahre Manifestation dieses Geistes, als sein getreues Abbild, oder vielmehr als er selbst dem ersten wahrhaft künstlerischen Volke, den Griechen, sich offenbarte. Wie Güte, Liebe und Unschuld uns noch heute nur dann wahrhaft wirklich und natürlich erscheinen, wenn wir sie auf den Zügen eines geliebten Menschenantlitzes sehen, so bildete der Grieche seine Ideale — in Religion und Kunst — anthropomorphisch. Auf allen diesen Gebilden webt der Geist der Freiheit, der Herrschaft der Empfindung über den bewegten Stoff. Die düster gebundenen ägyptischen und assyrischen Gestalten, die phantastischen Ungeheuer der indischen Mythologie, sie versinken in Nacht vor dem Götterstrahl, der von diesen heiteren, hellen Stirnen ausgeht. Das süsse Verlangen der holdlächelnden Aphrodite, die mächtige Geisteskraft des erhabenen Zeus, der stolze und kühne Jugendmuth des siegfrohen Apollo, sie sind alle gepaart mit jenem Adel, jener Hoheit der Gesinnung, welche nur die wahre Freiheit, das Bewusstsein des Geistes verleiht.

In dem zweiten Weltalter herrscht ausschliesslich der Geist. Es ist der Geist des Menschen, welcher sich zum Geiste des Weltalls erhöht. In seinem Innern, in den Kräften des Gemüths sucht und findet der Mensch das Spiegelbild der Gottheit. Kein geschnitztes Bild darf er sich von ihr machen, kein Haus ist im Stande sie zu fassen, nur seiner Sehnsucht, seinem Heimweh nach ihr verleiht er bildlichen Ausdruck. Es ersteht die Poesie des Mittelalters, die gothische Architektur, ein geheimnissvoll symbolisches Bild jenes Geistes, zugleich eine Schöpfung, eine Entwicklung desselben. Die Entwicklung ist aber auch hier, wie bei den Griechen, noch als der Schlusspunkt und darum als eine ruhende aufgefasst. Noch kommt das Moment der Zeit nicht zur Geltung; denn das Christenthum ist ewig und Gott ist zeitlos. Selbst in Dante's gewaltiger Dichtung gelangen die brausenden Fluten der Weltgeschichte zur einheitlichen Sammlung und Ruhe. Und die grossartige Vision des Copernicus, welche den Raum ins Unermessliche erweitert, sieht noch die Weltkörper in ewigem, unveränderlichem Ringeltanz die centralische Sonne umkreisen. Der Geist des Mittelalters ist Stillstand.

Die Bewegung erwacht im dritten Weltalter, in der Renaissance. Der geistige Inhalt und der Charakter dieser Zeit prägen sich am vollkommensten aus in dem grössten dramatischen Dichter, in Shakespeare, dessen Antlitz zugleich — denn er steht an der Grenze — dem tagenden Lichte der modernen Welt zugekehrt ist. Seine Dramen sind psychologische Gemälde. Die grossartige, plastische Ruhe des antiken Dramas, die einheitliche Weltanschauung des mittelalterlichen Mysteriums, das sich stets des Zusammenhangs mit dem ewigen Gottesreiche bewusst ist, sie sind verschwunden. Eine unruhige Bewegung ist an ihre Stelle getreten; die Kunstform selbst, als dramatische Handlung, ist Entwicklung geworden. Der Dichter überspringt ganze Zeiträume, um das menschliche Thun, als Samen und Frucht, in das Strombett der Entwicklung zu leiten. Der Mensch wird der verantwortliche Schöpfer seines Geschicks, das Gottesgericht wird in seinen Busen verlegt, der Fluch der bösen That, dass sie fortzeugend Böses muss gebären, kommt zur lebendigsten Veranschaulichung, zum erstenmale erscheint — die Tragödie der Weltgeschichte.

Zur vollendetsten Herrschaft gelangt der Geist in dem vierten Zeitalter, dem Zeitalter der Weltbefreiung. Die Musik tritt in den Vordergrund; sie hat das Stoffliche abgestreift, sie ist rein symbolisch und zeitliche Entwicklung, sie ist die unmittelbare und wahre Stimme des Geistes, denn sie ist nicht mehr Nachahmung, sondern freie Schöpfung dieses Geistes. Die in dem Menschengeiste gebunden und unbewusst waltet, die Harmonie der Welt, sie löst, sie befreit, sie idealisirt sich in der Musik.

Drei mächtige Genien sind es, in welchen der moderne Gedanke der Weltentwicklung seinen höchsten Ausdruck gefunden und sich am breitesten entfaltet hat: Goethe, Schiller, Beethoven.

In wunderbarer Klarheit spiegelt sich dieser Gedanke in dem Geiste Goethe's, der uns selber wie eine Offenbarung vergangener und künftiger Tage erscheint. Vor seinem grossen und stillen Blicke entschleiert sich die Natur; er versenkt sich in ihre Tiefen, er schaut ihre geheimsten Bezüge, es wandelt für ihn sich Alles, an dem die Menschen kalt und gleichgiltig vorübergehen, in Leben und Wirken, in sympathischen Widerhall der eigenen Seele. Nicht aber mit der Trübe der Worte, nicht mit abstracten Ideen oder Formeln, nein in unmittelbarem Anschauen erschliesst er sich jene Geheimnisse und so ist er uns auch heute schon ein Vorbild künftiger, höherer Klarheit der menschlichen Erkenntniss.

Goethe ist der Hohepriester der Natur, Schiller der Prophet der Menschheit. Sein ganzes Wesen, seine durchaus idealische Seele ist durchdrungen von dem Flutstrom der Entwicklung; der Adlerblick seines philosophischen Denkens erschaut die ewigen Alpenhöhen der grossen Culturepochen der Vergangenheit und nimmt daraus die Richtung wahr, welche der geschichtliche Gang der Menschheit zu verfolgen hat. Kein Anderer hat so wie er das weltgeschichtliche Fortschreiten der Geistesbefreiung überblickt, kein Anderer die leuchtenden Ziele der Menschheit, ihren wahren Gattungscharakter, die Freiheit, begeisterter verkündet.

Ihm durchaus ebenbürtig ist sein grosser Geistesverwandter Beethoven. Nur glüht und stürmt in ihm
der Gedanke der Freiheit weit mehr in den innersten
Tiefen der Seele, da seine Kunst eine viel aufregendere,
dem dunkeln Drang unmittelbar gehorchende ist. Darum
erscheint in seinen ewigen Werken auch das Ideal der
Zukunft schon in verklärterer Gestalt. Das Reich des
Friedens, der Welterlösung, der zur Brudergemeinde
liebend und selig geeinten Menschheit; wie strahlt es
uns nicht aus den Zauberklängen des Schlusschors der
neunten Symphonie entgegen! Sein grösstes Werk
aber, und vielleicht das gewaltigste Kunstwerk der modernen Welt, ist die fünfte Symphonie. Ihr Inhalt ist —
der Abfall von Gott, das erwachende Bewusstsein der
Menschheit, dass sie mündig geworden, dass sie nunmehr aus eigener Kraft ihre Wege wandeln, ihre
Ziele erreichen muss. Tiefe Verzweiflungsqualen, innigste
Sehnsucht nach dem Göttlichen wechseln ab mit tita-
nischem Grollen, mit bangen Versuchen, sich den alten,
heilsamen, beglückenden Fesseln zu entringen. Da flutet
gewaltig der mächtige Geisteshauch heran, sturmähnlich
erfasst die Bewegung alle Herzen, unaufhaltsam dringt
die Menschheit vorwärts, niedersinken die Fesseln, aufwärts reisst der begeisterte Klang und — Auferstehung
begrüsst sie: ein leuchtender Bogen, eine erhabene Pforte
ist aufgethan, durch welche sie in triumphirendem Sieges-

gange künftiger Vollkommenheit entgegen wandelt. Die wunderbaren Klänge des majestätischen Siegesliedes begleiten sie und rufen der auf verklärten Höhen des neuen Lebens dahinschreitenden zu:

Vorwärts auf Bahnen des Geistes, Menschheit!
Durch Kampf zum Sieg! Durch Nacht zum Licht!